Geldzauber für Anfänger

Analysen, Methoden,
Anrufungen und Rituale

Kontakt: www.HarryEilenstein.de / Harry.Eilenstein@web.de
Impressum: Copyright: 2011 by Harry Eilenstein – Alle Rechte, insbesondere auch das der Übersetzung, vorbehalten. Kein Teil des Buches darf ohne schriftliche Genehmigung des Autors und des Verlages (nicht als Fotokopie, Mikrofilm, auf elektronischen Datenträgern oder im Internet) reproduziert, übersetzt, gespeichert oder verbreitet werden.
Herstellung und Verlag: BoD - Books on Demand, Norderstedt
ISBN: 9783750461086

Inhaltsverzeichnis

I Das Wesen des Geldes

In der Magie ist es wie überall im Leben: Klarheit über das, was einem wichtig ist, ist förderlich. Daher sollte man sich auch bei Geldmangel (der vermutlich der Grund für den Kauf dieses Buches ist) zunächst einmal genauer anschauen, was Geld eigentlich ist. Das, was man kennt, ist leichter zu erlangen – und gegen einen Feind, den man kennt, kann man leichter kämpfen. Nun – es wird sich zeigen, ob Geld ein Freund oder ein Feind ist … oder etwas ganz anderes …

Bisher lassen sich in Bezug auf das Geld fünf Epochen unterscheiden, wobei die fünfte Epoche gerade erst begonnen hat – wirklich bekannt sind also nur die ersten vier Epochen.

Altsteinzeit
(bis 10.500 v.Chr.)

In der Altsteinzeit haben die Menschen in Sippen von 12-30 Personen zusammengelebt. Jeder in dieser Sippe war auf alle anderen angewiesen – so wie auch in den heutigen Familien. Das bedeutet, daß alle für das Gedeihen der Sippe das dazugetan haben, was sie konnten, und ihrerseits von der Sippe das bekamen, was sie brauchten. Man hatte das, was man gemeinsam erjagt, gesammelt, gebaut oder erschaffen hatte. Die Sippe mußte alles tun und beschaffen, was sie zum Überleben brauchte. Die Sippe war ein „gemeinschaftlicher Selbstversorger".

Jungsteinzeit
(10.500-3.250 v.Chr.)

In der Jungsteinzeit begann man mit dem Ackerbau und der Viehzucht, was so effektiv war, daß nun 500-mal mehr Menschen zusammen leben konnten als zuvor. Das führte u.a. zu Spezialisierungen in den Tätigkeiten und zu den ersten Berufen. Das erforderte den Tauschhandel – der Bauer gab dem Steinmetz für den gut geschliffenen Faustkeil einen Sack Mehl.

Zu dieser Zeit entstanden auch die ersten Händler, die begehrte Waren von Spezialisten zu weit entfernten Orten brachten – dies konnten z.B. die besonders scharfen Steinwerkzeuge sein, die Steinmetze an einem Ort, an dem es Obsidian gab, hergestellt hatten.

Königtum
(3250 v.Chr. - 1500 n.Chr.)

Durch das Königtum wurden die Arbeiten der Menschen in sehr großen Gebieten zentral gesteuert und koordiniert, wodurch die Arbeit der Menschen noch einmal wesentlich effektiver wurde. Am wichtigsten war diese Koordination bei der Bewässerung. Durch die noch einmal deutlich gestiegene Anzahl von Menschen, die zu dieser Zeit zusammen gelebt haben, durch die sich immer weiter differenzierenden Berufe, sowie durch die „abstrakten Arbeiten" der Verwaltung, des Heeres, der Schreiber, der Kunsthandwerker, der Tempelbauer usw., die nicht direkt Gebrauchsgüter produziert haben, reichte der Tauschhandel nicht mehr zur Koordination der Tätigkeiten in einem Königreich aus.

Man mußte die einzelnen Tätigkeiten also bewerten. Dafür benutzte man zunächst eine weit verbreitete Ware wie Brot u.ä. als Maßstab, in dem man den Wert aller Produkte und Tätigkeiten ausgedrückt hat. Eine Hacke war fünf Brote wert, ein Huhn sieben Brote, ein Ei ein Viertel Brot usw.

Da weit verbreitete, aber vergängliche Produkte sich zwar zum Bewerten geeignet haben, aber nicht als Wert aufbewahrt werden konnten wie z.B. ein Lager voller Steinwerkzeuge, benutzte man schließlich andere, dauerhaftere Dinge wie Felle oder Muscheln als Bewertungsmaßstab.

Da zwar ein Fell auch einen Wert in sich hat, aber eine Muschel nicht, gab es das Problem, daß sich jeder am Strand Muscheln suchen und sie gegen etwas anderes eintauschen konnte – so entstand die erste Inflation … Daher hat man nach etwas Dauerhaftem, aber Seltenem gesucht, das man als Wertmaßstab und Tauscheinheit benutzen konnte. So kam man schließlich auf das Gold.

Da es mühsam war, bei jedem Handel ein Goldstück wiegen und evtl. zersägen zu müssen, weil es zu groß war, ging man dazu über, die Goldstücke in bestimmte Größen zu gießen, mit denen man dann den Preis (Wert) der Ware abzählen konnte. So sind die ersten Münzen entstanden.

Zu dieser Zeit sind auch die Märkte gegründet worden, also die zentralen Plätze, an denen alle zusammen kamen, die etwas hergestellt hatten und es gegen etwas anderes eintauschen wollten. Bei dem einfachen Tauschhandel in der Jungsteinzeit hat es noch keinen Markt gegeben – damals ging man zu dem Mann im Dorf, der z.B. Hühner hatte, und frug ihn, gegen was er eines seiner Hühner eintauschen würde.

Materialismus
(1500-1950 n.Chr.)

Durch die Forschung, die Erfindungen und die Industrialisierung gab es im Materialismus deutlich mehr Waren als je zuvor. Es entstanden allerdings auch neue, große Strukturen: So trat z.B. die Fabrik an die Stelle der Handwerker.

Durch diese großen Strukturen wurde das Geld-System anfälliger für Schwankungen aller Art: Waren konnten verteuert werden (wenn man die besten hatte); Löhne konnten gesenkt werden (wenn es mehr Arbeiter als Arbeit gab); durch die Einführung des Papiergeldes konnte der Staat Geld drucken, um damit einen Krieg zu finanzieren, was jedoch zu Inflationen führte usw.

Zudem begannen sich die Tätigkeiten immer mehr auf das Geld statt auf die Waren auszurichten: Man produzierte minderwertigere Waren; man stellte kurzlebige Produkte her, damit die Kunden bald neue kaufen mußten; man baute Mietshäuser, in denen deren Eigentümer nicht hätten wohnen wollen; usw.

Weiterhin begann man mit Besitzrechten zu handeln, also mit Aktien, Wertpapieren, Staatsanleihen u.ä. Man kaufte nicht mehr eine Ware, sondern Anteile an dem Zugang zu dem Gewinn, der durch die Warenherstellung erschaffen wurde. Diese Geldgeschäfte nahmen immer mehr zu, sodaß sie schließlich mehr als 80% aller Geschäfte ausmachten, die es in einer Volkswirtschaft gab. Bei 80% aller Verträge ging es also nur noch um Geld und nicht mehr um Waren. Das Geld hatte ein Eigenleben entwickelt ...

Globalisierung
(seit 1950 n.Chr.)

Seit dem Ende des 2. Weltkrieges ist den Menschen deutlich geworden, daß die damals allgemein vorhandene Entwicklungsdynamik so nicht weitergehen konnte: Weltkriege, Atombombe, Überbevölkerung, begrenzte Rohstoffe, Umweltverschmutzung, Artensterben usw.

Seither wird nach einem neuen Umgang der Menschen auf diesem Planeten miteinander und auch nach einem neuen Umgang der Menschen mit der Erde insgesamt gesucht. Es wird ein stabiles System gebraucht, das verhindert, daß sich die Menschen auf der Erde selber ausrotten. Es hat wenig Sinn, über die Vor- und Nachteile der Globalisierung zu diskutieren – denn die Atombombe, die Überbevölkerung, der Klimawandel, die Umweltzerstörung usw. haben de facto zu einer gegenseitigen Abhängigkeit geführt, der jetzt ganz real da ist. Die Frage ist, wie man damit umgeht.

Eine notwendige Neuerung dabei ist, daß sich bisher der Einzelne und auch eine Kultur oder ein Volk durch seine Grenze definiert hat – was in einer globalisierten

Gesamtkultur nicht mehr funktioniert. Der Einzelne und das Volk muß die eigene Identität in der eigenen Qualität finden statt in seiner Grenze. Es wird also ein Konzept gebraucht, das sowohl die Globalisierung als auch die Individualität des Einzelnen oder einer Kultur berücksichtigt.

Die Globalisierung führt auch dazu, daß es notwendig wird, daß der Einzelne in Vertrauen von dem Ganzen getragen wird und seinerseits in Verantwortung das Ganze trägt. Es entsteht also ein Kontinuum, eine große Familie von Individuen.

Was bedeutet das für das Geld?

Wenn das Geld das ist, wonach alle streben, kann es keine friedliche Globalisierung geben, da dann der Kampf um das Geld den Blick auf die Sache selber verwehrt. Es ist also notwendig, daß sich die Wirtschaftsweise und das Geld in einer Weise ändern, daß es wieder offensichtlich ist, daß das Geld an sich keinen Wert hat, sondern daß es ein Werkzeug, ein Mittel zum Zweck, ein Bewertungsmaßstab ist.

- - -

Diese kleine Übersicht soll vor allem zeigen, daß es im Leben niemals primär um Geld geht, sondern um Bedürfnisse, die man sich erfüllen will – und dafür versucht man sich heutzutage zunächst einmal ausreichend Geld zu beschaffen. Diese Geld-Fixierung führt zu den eben dargestellten Problemen.

Der Entwurf einer sinnvollen Geld-Magie, die die heutige Situation von uns Menschen auf der Erde berücksichtigt, ist also etwas komplexer und vielschichtiger als die einfache Frage „Wie bekomme ich viel Geld?"

II Klassische Formen der Geld-Magie

Es gibt eine ganze Reihe von traditionellen Methoden in der Magie, um zu Geld zu kommen. Der berühmteste aller Geldzauber ist sicherlich der Stein der Weisen, der Blei in Gold verwandelt. Dieser Stein der Weisen ist jedoch sehr spekulativ – die einzige Weise, auf die die Forschung nach dem Stein einen Alchemisten reich gemacht hat, ist die zufällige Erfindung des Porzellans bei der Suche nach dem Stein der Weisen gewesen.

Doch selbst wenn man diese recht spekulative Methode einmal fortläßt, gibt es noch immer einige verschiedene Vorgehensweisen, um mithilfe von Magie zu Geld zu kommen.

II 1. Der Erd-Talisman

Die vier Elemente sind die vier Dinge, die die Menschen allgemein interessieren – wenn jemand zu einer Hellseherin geht, will er so gut wie immer etwas über Geld, Liebe und Gesundheit wissen. Das sind genau die vier Elemente:

Erde	= Geld
Wasser	= Liebe
Feuer	= Gesundheit
Luft	= Wissen

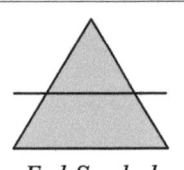

Erd-Symbol (Alchemie)

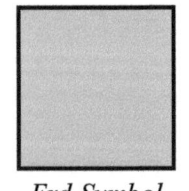

Erd-Symbol (Indien)

Man kann also einen Erd-Talisman herstellen und weihen, um an zu Geld zu kommen.

Es gibt zwei wichtige Symbole für die Erde – das eine stammt aus der Alchemie, das andere aus der indischen Meditations-Tradition.

Für einen Erd- Talisman kann man ein solches Symbol aus Karton ausschneiden, aus Metall aussägen, aus Stein meißeln usw. Die Herstellung eines Quadrates ist in diesem Fall naheliegender, da die überstehende Linien bei dem alchemistischen Symbol nur schwierig stabil anzufertigen sind.

Auf dieses Quadrat werden nun auf die eine Seite Erd-Symbole wie z.B. das alchemistische Zeichen eingraviert und auf die andere Seite in einer kurzen Aussage die Bitte an die Erde geschrieben wie z.B. „Reichtum" oder „Wohlstand für meine Familie" o.ä.

Die Weihung des Talismans besteht darin, daß man das Erd-Element, eine Erdgott-heit oder die Erd-Wesen („Zwerge") bittet, diesem Talisman Kraft zu geben und den Wunsch zu erfüllen.

Man kann auch über dem Talisman das anrufende Erd-Pentagramm ziehen und den Erd-Erzengel Auriel um Hilfe bitten. Auriel wird traditionell in den Farben zitronen-gelb, rotbraun, olivgrün und schwarz imaginiert. Er steht vor einem Hintergrund von Feldern, Weiden, Gärten und Wäldern. Das anrufende Erd-Pentagramm wird wie in der Skizze unten mit Zeige- und Mittelfinger in die Luft gezeichnet und dabei imagi-niert. Dabei singt (intoniert, vibriert) man die beiden Namen „Agla" und „Auriel".

In der „klassischen" abendländischen Magie wird das Element Erde dem Norden zugeordnet, was man in dieses Ritual miteinbeziehen kann.

Am Ende stellt man diesen Talisman auf den Hausaltar oder vergräbt ihn an einem kraftvollen Ort in der Erde o.ä.

Erd-Pentagramm und Elemente-Kreis

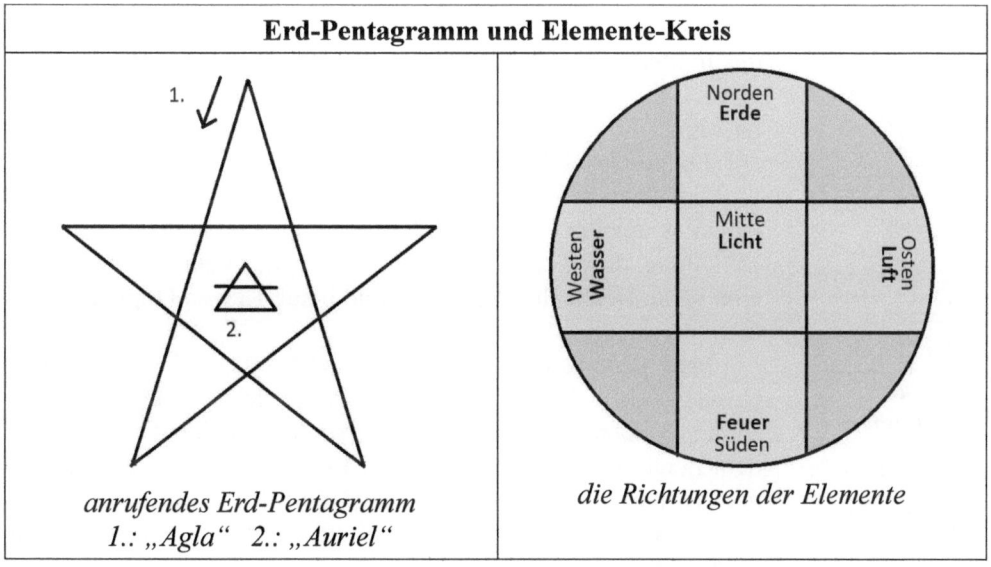

anrufendes Erd-Pentagramm
1.: „Agla" 2.: „Auriel"

die Richtungen der Elemente

II 2.   Der Jupiter-Talisman

Jupiter

In der Astrologie ist der Jupiter der Planet, der für Fülle und Reichtum zuständig ist. Zu ihm gehören die Zahl „4", dementsprechend auch das Quadrat, weiterhin das Metall Zinn und der Donnerstag. Man kann also an einem Donnerstag eine quadratische Scheibe Zinn aussägen und in sie auf die eine Seite Jupiter-Symbole und auf die andere Seite den eigenen Wunsch eingravieren.

Siegel des Jupiters

Zu den bekannteren Symbolen gehört vor allem das Planeten-Symbol selber sowie das Zahlenquadrat. Dieses Quadrat enthält vier mal vier Felder (Jupiter-Zahl), in denen die Zahlen von 1 bis 16 so angeordnet sind, daß jede Zeile, jede Spalte und jede Diagonale stets die Summe 34 hat.

Von diesem Feld sind auch andere Symbole wie z.B. das „Siegel des Jupiter" abgeleitet worden.

Auch diesen Talisman weiht man wieder, indem man den Jupiter bittet, diesem Talisman Kraft zu geben und den Wunsch, der auf ihm geschrieben steht, zu erfüllen.

4	14	15	1
9	7	6	12
5	11	10	8
16	2	3	13

Quadrat des Jupiters

Man kann solch eine Weihung auf alle Arten ausbauen, die einem sympathisch sind: durch das Kleine Pentagramm-Ritual als Einleitung, durch das Verbrennen von Jupiter-Räucherwerk, durch eine blaue Decke auf dem Altar und blaue Kerzen (Jupiter-Farbe) usw.

Man kann auch über dem Talisman viermal nacheinander (Jupiter-Zahl) das Jupiter-Hexagramm ziehen und dabei die Jupiter-Namen singen. Während man die beiden Dreiecke mit dem Zeige- und Mittelfinger in der Luft über den Talisman zeichnet (1. und 2. in der Skizze), singt man den Gottesnamen „El". Beim Zeichnen des Jupiter-Symbol im Zentrum (3.) singt man das Wort „Ararita".

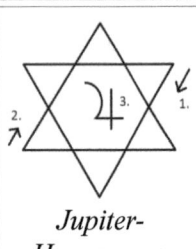

Jupiter-Hexagramm

Der wichtige Punkt dabei ist, daß alle Hilfsmittel vor allem die Funktion haben, die Konzentration des Magiers bzw. der Hexe zu erhöhen.

Auch diesen Talisman legt man entweder auf den Altar oder vergräbt ihn in der Erde.

II 3. Mantra

Man kann anstatt einen Talisman herzustellen und zu weihen auch ein Mantra benutzen – das ist einfach die Frage, ob man selber eher der rituelle Typ ist oder eher der meditative Typ.

Die beiden Worte des Mantras, das man dabei benutzt, entsprechen den beiden Seiten des Talismans: Das erste Wort ist der Name der Gottheit, an die man sich wendet (Symbole auf dem Talisman); das zweite Wort entspricht dem Satz (Wunsch) auf der anderen Seite des Talismans.

Ein Jupiter-Mantra könnte also „Jupiter – Wohlstand" lauten. Da Wohlstand und Besitz bei den Chakren zum Hara gehören, kann man dieses Mantra mit dem Hara in Bezug setzen. Diese Mantra-Meditation sähe also wie folgt aus:

1. a) einatmen
   b) Imagination: Licht einatmen und ins Hara lenken
   c) innerlich „Jupiter" sprechen

2. a) ausatmen
   b) Imagination: das Licht vom Hara aus in die Umgebung strahlen lassen
   c) innerlich „Wohlstand" sprechen

Das imaginierte Licht kann man sich dabei entweder weiß (neutral) oder blau (Jupiter) vorstellen.

Damit dieses Mantra wirkt, sollte man es mindestens einige Woche täglich eine zeitlang sprechen. Es lassen sich keine genaueren Zeiten für die Dauer der täglichen Meditation und für die Anzahl der Wochen angeben, da dies bei jedem Menschen verschieden ist.

II 4. Die Götter-Anrufung

Ein anderes Vorgehen ist die direkte Hinwendung an eine Gottheit des Wohlstands wie Jupiter bei den Römern, Freyr und Njörd bei den Germanen, die indische Lakshmi usw.

Es ist sinnvoll, schon ein bißchen etwas über die betreffende Gottheit zu wissen, wenn man sie um Hilfe bitten will. Die Ausgestaltung dieser Bitte ist wieder sehr individuell: das Pentagramm-Ritual als Einleitung, eine Statue der betreffenden Gottheit, Räucherwerk, Symbole auf dem Altar, Kerzen, Ritual-Gewand usw.

Das zentrale Element ist das Ansprechen der Gottheit und das Aussprechen der Bitte. Dies kann ein kurzer Satz oder auch eine längere Rede sein, sie kann vorher ausformuliert worden oder improvisiert sein – das sollte man so halten, wie es sich gut anfühlt.

Es ist nicht unbedingt notwendig, aber durchaus förderlich, wenn man die Gottheit, während man mit ihr spricht, vor sich imaginiert.

II 5. Opfer

Eine traditionelle Methode ist auch der „Tauschhandel mit den Göttern": Man sagt den Göttern, daß man sich jetzt z.B. die Haare abschneiden wird und dafür Wohlstand erhalten will. Früher hat man in einem solchen Zusammenhang z.B. ein Huhn geopfert. Bei den nordamerikanischen Prärie-Indianern ist es üblich, etwas von dem eigenen Blut zu opfern, da sie der Meinung sind, daß nur der eigene Leib einem wirklich selber gehört.

Die Opfer-Methode ist durchaus effektiv, aber eigentlich überflüssig – die Götter brauchen keine Opfer und geben auch ohne Gegengabe gerne.

Diese Methode funktioniert besonders gut, wenn man der Ansicht ist, daß die Welt ein Ort des Mangels ist – denn dann ist der Tauschhandel die naheliegende Methode, um von einem anderen etwas zu erhalten.

Das Opfer von ein paar Tropfen des eigenen Blutes in einem Ritual erhöht natürlich die eigene Konzentration ganz bedeutend – und prägt auch dem eigenen Unterbewußtsein die Wichtigkeit der betreffenden Bitte an die Gottheiten ein.

II 6.   Die Sigillen-Magie

Die Sigillen-Magie ist in gewisser Weise das Gegenstück zu der Opfer-Magie: Hier zählt nur der Wille des Magiers und sonst nichts.

Der kurze Satz, der ausdrückt, was man will, wird zunächst zu einer Sigille umgeformt. Danach konzentriert sich der Magier einmal intensiv auf diese Sigille und „schickt" sie dadurch los, damit sie das Erwünschte herbeiholt. Die Konzentration beim „Losschicken" kann durch Schmerz, Lust, Ekel oder auch einfach durch ein hohes, hilfsmittelfreies Konzentrationsvermögen erlangt werden.

Die Umformung des Satzes zu einer Sigille geht in drei Schritten vor sich:

1. Die Buchstaben in dem Satz „Ich bin reich." werden dadurch reduziert, daß doppelte Buchstaben gestrichen werden. Dadurch bleibt dann noch „Ich bn re." übrig, also „ichbnre". Meist benutzt man jedoch die Großbuchstaben: „ICHBNRE"

2. Diese Buchstaben werden nun übereinander geschrieben, sodaß ein „Buchstaben-Muster" entsteht.

3. Dieses „Buchstaben-Muster" wird solange vereinfacht, bis sich daraus eine einprägsame Sigille ergibt.

Umformung eines Satzes zu einer Sigille				
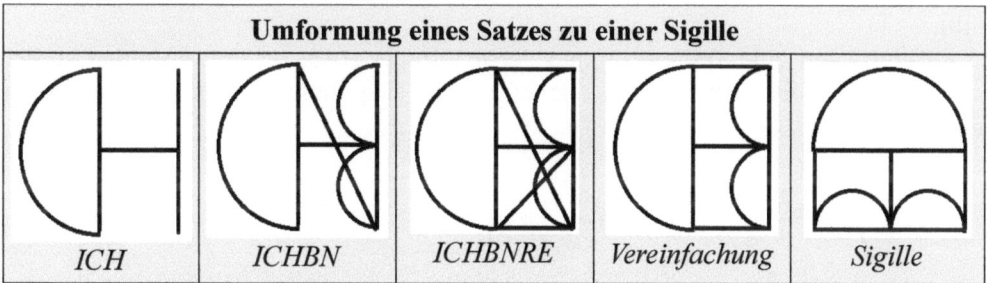				
ICH	*ICHBN*	*ICHBNRE*	*Vereinfachung*	*Sigille*

II 7. Die Auto-Suggestion

Für die Autohypnose oder Autosuggestion gibt es viele Methoden. Eine Zeitlang ist das Schreiben des Wunsches auf die Schuhsohlen, der dadurch sozusagen in der Welt verbreitet worden ist, recht beliebt gewesen.

Der Kreativität ist hier keine Grenze gesetzt:

- 20 Zettel mit dem Wunsch-Satz, die in der Wohnung gut sichtbar verteilt werden;
- eine Goldmünze im eigenen Portemonnaie;
- ein Mantra, das man immer spricht;
- das Verschenken des Wechselgeldes, das man erhält, um Wohlstand darzustellen;
- eine Münze, die man sich in die Handfläche oder auf den Daumennagel malt;
usw.

II 8.   Traumreisen

Wenn die ausgewählte Methode funktioniert, kann man hier mit dem Lesen aufhören und das Leben genießen ... falls nicht, empfiehlt sich das Weiterlesen.

Falls man keinen Erfolg gehabt haben sollte, ist es angebracht zu schauen, ob man sehen kann, warum das so ist: Selbstsabotage, Zweifel, Armuts-Komplex o.ä.?

Wenn der Grund nicht offensichtlich ist, kann es hilfreich sein, einmal eine Traumreise zu dem Thema „Geld" zu unternehmen oder auch gleich z.B. eine Traumreise zu Jupiter zu machen und ihn zu fragen, was gerade am effektivsten zu Wohlstand verhilft.

Es gibt kaum eine Traumreise, auf der man nicht etwas erfährt, was man vorher nicht gewußt oder erkannt hat – daher lohnen sich diese Traumreisen eigentlich immer.

III Ein Augen-öffnendes Geld-Spiel

Die Schamanin Francesca Boring von dem Indianer-Stamm der Schoschonen hat mir vor etlichen Jahren eine sehr praktische Methode gezeigt, mit der man die grundlegende Situation bei einem Thema aus dem eigenen Leben erkennen kann.

Für diese Methode braucht man einen Helfer. Es ist förderlich, aber nicht unbedingt notwendig, wenn beide schon Erfahrungen mit Familienaufstellungen haben.

Im Zusammenhang mit dem Geld-Thema dieses Buches würde der „Geld-Suchende" für sich selber stehen – der Helfer verkörpert hingegen das Geld.

Beide stellen sich wie bei einer Familienaufstellung in den Raum und folgen den Bewegungs-Impulsen, die sie haben. Ab und zu halten beide inne und sagen sich gegenseitig kurz, welche Gefühle sie haben. Danach bewegen sie sich intuitiv weiter.

Möglicherweise flieht das Geld vor dem Geld-Sucher ... oder es macht sich klein und versteckt sich ... oder es greift den Geld-Sucher an ... oder es steht nur apathisch herum ... oder es ist traurig und depressiv ...

Auch der Geld-Sucher kann ganz verschiedene Verhaltensweisen zeigen: Gier ... Angst ... Schüchternheit ... Freude ... Zurückhaltung ... vielleicht flieht er sogar vor dem Geld ...

Das Zusammenspiel des Geldes und des Geld-Suchers ist sehr aufschlußreich – und oft so drastisch und offensichtlich und amüsant, daß beide lachen müssen.

Möglicherweise stellt sich dabei heraus, das der Geldsucher Geld für schmutzig und unmoralisch hält. Oder er hält Geld für Macht und hat selber die Opfer-Rolle inne und fürchtet daher die Macht. Oder er assoziiert Geld mit schmerzhafter Arbeit. Oder er hat ein so schlechtes Selbstwertgefühl, daß er glaubt, daß ihm kein Geld zusteht. Oder er kann sehr effektiv anderen Reichtum wünschen, aber sich selber überhaupt nicht.

Es gibt viele Möglichkeiten, wie die bisherige Biographie des Geld-Suchers sein Verhältnis zum Geld geprägt hat.

Oft kommt das Geld im eigenen Leben erst dann in Fluß, wenn man solch eine alte Prägung aufgelöst hat.

IV   Eine Alternative

An dieser Stelle kommt jetzt die kurze Geschichte des Geldes aus dem ersten Kapitel ins Spiel: Warum will man einen Geldzauber durchführen? Natürlich um Geld zu bekommen. Aber wofür braucht man das Geld? Das Geld ist ja kein Selbstzweck.

Der allgemeine Blick aufs Geld führt dazu, daß es eine sehr weit verbreitete Konkurrenz um das Geld gibt – (fast) jeder will möglichst viel davon haben … Das macht das Geld zu einem Mangel-Objekt, um das sich alle streiten.

Es sieht nicht sehr sinnvoll aus, dabei mitzustreiten – außer wenn man glaubt, stärker als alle anderen sein zu können. Das ist schon per Definition ein Rezept, daß nur für einen einzigen funktionieren kann – eben den Sieger in diesem Kampf. So wie es auch nur einen Speerwerfen-Weltmeister geben kann. Nicht sehr effektiv …

Man könnte also schauen, ob man einen anderen Weg zum dem eigenen Ziel finden kann. Es gibt zumindestens die Möglichkeit, sich nicht Geld, sondern z.B. das Fahrrad zu wünschen, das man sich für das Geld kaufen will. Die Wahrscheinlichkeit, daß man 200€ geschenkt bekommt, ist nicht sehr groß – die Wahrscheinlichkeit, daß sich jemand ein neues Fahrrad gekauft hat und sein altes verschenken würde, ist schon deutlich größer.

Wenn man sich die konkreten Dinge wünscht, die man braucht, ist die Lage sehr viel entspannter. Und wenn man auf diese Weise genügend Dinge erhält, für deren Kauf man sonst viel Geld ausgeben müßte, hat man am Ende auch genug Geld für alles, was man braucht.

Dieses „Dinge wünschen" bedeutet auch keineswegs, daß man nur alten Ramsch erhält – ich habe meine ganze Wohnungseinrichtung (einschließlich Keybord, Harfe, Congas und PC), mein E-Bike und noch etliches mehr auf diese Weise erhalten. Ich habe auch nur alte, stilvolle Möbel, die von ihrem Stil her sogar exakt zusammenpassen, obwohl sie aus verschiedenen Quellen stammen.

Wenn man das Leben um die passenden Dinge bittet, die man braucht, kann das Leben (oder Gott oder der Zufall oder wie auch immer man das nennen möchte) einem durchaus Dinge senden, über die man sich freuen kann und die nicht nur ein Notbehelf sind.

V Geld-Magie und Astrologie

V 1. allgemein

In gewisser Weise haben natürlich immer alle Planeten mit allen Themen zu tun, auch wenn Jupiter der wichtigste bei dem Geld-Thema ist. Beim Geld können die Planeten die folgenden Aufgaben haben:

- Mond: materielle Grundlage der Geborgenheit
- Merkur: Geschick, Handel, Verhandlungen
- Venus: Charme
- Sonne: Selbstsicherheit
- Mars: Tatkraft, Arbeit, Kampf
- Jupiter: Fülle, Wohlstand, Genießen, Organisation
- Saturn: Erhaltung, Beständigkeit, Erbe
- Uranus: glücklicher Zufall, Erfindung
- Neptun: Vertrauen ins Leben
- Pluto: Einsgerichtetheit auf das Ziel

V 2. individuell

Im Horoskop steht das 2. Haus für den Besitz und somit auch für das eigene Verhältnis zum Geld. Je nachdem, welche Planeten in diesem Haus stehen, hat man ein unterschiedliches Verhältnis zum Geld. Die Dynamik, die das eigene Verhältnis zum Geld prägt, zeigt sich an den Aspekten, die die Planeten im 2. Haus zu anderen Planeten haben – insbesondere die Quadrate, Quincunxe und Halbsextile sind in diesem Zusammenhang wichtig und teilweise auch noch die Opposition.

Die Menschen, die einen Planeten im 2. Haus stehen haben, der ein Quadrat, ein Quincunx, ein Halbsextil oder eine Opposition hat, haben mit einiger Wahrscheinlichkeit ein „Geld-Thema". Allerdings kann das Geld auch bei anderen astrologischen Konstellationen eine Rolle spielen.

- Bei einem Quadrat gibt es zwei Planeten, die sich gegenseitig frei lassen müssen. Das Quadrat trennt zwei Dinge wie eine Zeltstange. Beide Planeten müssen sich unabhängig voneinander entfalten können.

- Bei einem Quincunx muß immer wieder aufgeräumt werden. Jedesmal, wenn etwas geschieht, was zu den Themen gehört, die den beiden Planeten entsprechen, die durch das Quincunx miteinander verbunden sind, muß man sich neu orientieren, den Kurs neu ausrichten, das Neue miteinbeziehen.

- Bei einem Halbsextil gibt es immer die Tendenz zur Weiterentwicklung – stets in Richtung der Häuserfolge, also vom 2. Haus in das 3. oder 4. Haus hinein. In diesem Fall ist das Geld im 2. Haus nicht „sicher", sondern neigt dazu, woanders hin zu fließen …

- Bei einer Opposition muß man lernen, zwischen den beiden Planeten an den beiden Enden der Opposition hin und her zu schaukeln. Dies ist ein ständiger Wechsel zwischen dem 2. Haus und wahrscheinlich dem 8. Haus, also zwischen Nahrungsaufnahme und Nahrungsausscheidung, zwischen Harmonisieren und Kritisieren, zwischen Geld verdienen und Geld ausgeben usw. Letztlich ist das ein lebensförderlicher Rhythmus.

Es ist wie überall in der Magie förderlich, den eigenen Charakter und den eigenen Stil kennenzulernen und sich ihm entsprechend zu verhalten: Manche Menschen sind Sprinter, andere Marathonläufer … und manche kommen mit Aktienspekulationen zu Reichtum, während andere festverzinsliche Staatsanleihen mit kurzer Restlaufzeit bevorzugen …

Beim Erkennen des eigenen Stiles kann das eigene Horoskop eine große Hilfe sein.

VI Geld-Magie und Chakren-System

Um die Geld-Magie mit dem Chakren-System in Bezug setzen zu können, muß man das Bedürfnis nach Geld etwas allgemeiner als „Wunsch, das zu haben, was man braucht" formulieren.

Die Grundstruktur des Chakren-Systems ist einfach: von der Identität zum Erlebnis. Dies findet sich als ein Strahlen vom Zentrum im Herzchakra nach außen zum Wurzelchakra und zum Scheitelchakra hin.

die Dynamik der Chakren	
Dynamik	*Chakra*
Identität	Herzchakra
allgemeines Bedürfnis	Sonnengeflecht, Halschakra
konkreter Wunsch	Hara, Drittes Auge
Erlebnis	Wurzelchakra, Scheitelchakra

Wenn diese Chakren, also die „Lebenskraft-Organe" des Menschen, ungehindert wirken können, wird der betreffende Mensch aus dem heraus, was er ist, strahlen. Dann ist er fest in seinem Herzchakra verankert.

Wenn es im Lebenskraft-Körper jedoch Blockaden gibt, entstehen Bereiche mit einem Lebenskraft-Stau und Bereiche mit einem Lebenskraft-Mangel. Je nachdem, wo sich der Stau befindet, entstehen unterschiedliche Prägungen des Charakters. Die drei Grundqualitäten in den drei heilen Chakren-Paaren sind:

die Qualitäten der Chakren		
Dynamik	*Chakra*	*Qualität*
Identität	Herzchakra	
allgemeines Bedürfnis	Sonnengeflecht, Halschakra	Selbstliebe
konkreter Wunsch	Hara, Drittes Auge	Kraft
Erlebnis	Wurzelchakra, Scheitelchakra	Fülle

Das Geld-Thema befindet sich schwerpunktmäßig offenbar in den beiden äußeren Chakren, die für die Fülle stehen.

Diese drei Grundqualitäten können leider so gestört werden, sodaß aus ihnen drei

Quellen des Leids entstehen:

die Qualitäten und Störungen der Chakren			
Dynamik	**Chakra**	**Qualität**	
		heil	*gestört*
Identität	Herzchakra		
allgemeines Bedürfnis	Sonnengeflecht, Halschakra	Selbstliebe	Selbstzweifel
konkreter Wunsch	Hara, Drittes Auge	Kraft	Gewalt
Erlebnis	Wurzelchakra, Scheitelchakra	Fülle	Mangel

Wenn diese drei Grundqualitäten gestört werden, entsteht eine Polarisierung – der eine Pol wird immer „lauter", der andere Pol wird immer „leiser":

die Störungen der Chakren					
Dynamik	**Energiestau in**	**Qualität**			
		heil	*gestört*		
		Leid	„laut"	„leise "	
Identität	Herzchakra				
allgemeines Bedürfnis	Sonnengeflecht	Selbstliebe	Selbstzweifel	Star	
	Halschakra				Fan
konkreter Wunsch	Hara	Kraft	Gewalt	Täter	
	Drittes Auge				Opfer
Erlebnis	Wurzelchakra	Fülle	Mangel	Süchtiger	
	Scheitelchakra				Asket

Man trifft des öfteren die drei „lauten" Qualitäten gemeinsam an und ebenso die drei „leisen" Qualitäten:

- Der Süchtige wird zum Täter und zieht alle Aufmerksamkeit an sich (Star).

- Der Asket fühlt sich als Opfer und strebt ein Ideal an (Fan).

Die drei „lauten" Qualitäten treten bei einem Lebenskraft-Stau in einem der drei unteren Chakren auf; die „leisen" Qualitäten treten bei einem Lebenskraft-Stau in den drei oberen Chakren auf.

Das Geld-Thema hat bei diesen beiden Grundtypen eine verschiedene Qualität:

- Der Süchtige/Täter/Star reißt alles an sich und kann nie genug bekommen und lebt trotzdem im Mangel weiter.

- Der Asket/Opfer/Fan verzichtet auf immer mehr und hofft auf eine Erlösung in der Zukunft und lebt im Mangel weiter.

Ein Geldzauber, der von diesen beiden Grundtypen durchgeführt werden würde, hätte folglich einen recht unterschiedlichen Ansatz:

- Der Süchtige/Täter/Star ergreift per Magie aus seiner eigenen Kraft heraus alles, was er haben will und packen kann. Er ist tendenziell der Ritual-Typ und der dominante Macht-Magier.

- Der Asket/Opfer/Fan bittet eine höhere Instanz, also in der Regel die Götter, um Hilfe und ein Almosen und im Extremfall um eine Belohnung im Jenseits. Er ist tendenziell der Meditations-Typ und der unterwürfige Mystiker.

Beide Haltungen sind Extreme:

die beiden Extreme	
Süchtiger/Täter/Star	*Asket/Opfer/Fan*
„laut"	„leise"
Lebenskraft-Stau in den drei unteren Chakren	Lebenskraft-Stau in den drei oberen Chakren
er sieht sich ganz auf sich selber gestellt	er sieht sich als Teil des „Großen"
die ganze Welt ist sein Gegner	er steht auf der „richtigen Seite"
er sucht die Rettung in seiner Kraft	er sucht Rettung im Außen
übersteigerter, kurzsichtiger Egoismus	übersteigerter, kurzsichtiger Altruismus
setzt sich durch	hält sich zurück
drängt sich in den Vordergrund	hält sich im Hintergrund

Wenn man von einem Extrem aus handelt, werden auch die Früchte des eigenen Handelns diese Qualität haben. Das Handeln aus einem Extrem heraus kann durchaus Früchte tragen (ein Süchtiger kommt z.B. zu seinem Suchtmittel), aber es ist die Frage, ob man bei einem Handeln aus einem Extrem heraus einen glücklichen Zustand erreichen kann (der Süchtige wird durch sein Suchtmittel nicht glücklich).

Auf jeden Fall wird man bei einem Handeln aus Mangel, Gewalt und Selbstzweifeln heraus nicht zu Fülle, Kraft und Selbstliebe finden. Um zu diesen drei heilen Qualitäten zu gelangen, wird man sich mit den Ursachen für die eigene Polarisierung auseinandersetzen müssen:

- Warum ist man zu einem Süchtigen oder Asketen geworden (die beide im Mangel leben)?

- Warum ist man zu einem Täter oder Opfer geworden (die beide in Gewalt leben)?

- Warum ist man zu einem Star oder Fan geworden (die beide in Selbstzweifeln leben)?

Beide Extreme zu einem der beiden Themen können nicht ohne ihren Gegenpol existieren und sie kennen ihren Gegenpol ganz genau:

- Jeder gierige Süchtige trägt auch einen verzichtenden Asketen in sich und umgekehrt:

- Jeder aggressive Täter trägt auch ein ängstliches Opfer in sich und umgekehrt.

- Jeder größenwahnsinnige Star trägt auch einen Fan mit Minderwertigkeitskomplex in sich und umgekehrt.

Für das Erreichen von Fülle, Kraft und Selbstliebe wird es folglich nötig sein, in sich selber den Gegenpol zu dem eigenen extremen Verhalten aufzusuchen und das bisher selber gelebte Extrem mit dem gefürchteten Gegen-Extrem zu vereinen, beides aufzulösen und die heile Gestalt des betreffenden Themas wiederzufinden:

- Aus der Störung der Fülle entsteht der Mangel, der die beiden Verhaltensweisen des Süchtigen und des Asketen hervorbringt, die erst durch die Auflösung ihrer Polarisierung wieder zur Fülle zurückkehren können.

- Aus der Störung der Kraft entsteht die Gewalt, die die beiden Verhaltensweisen des Täters und des Opfers hervorbringt, die erst durch die Auflösung
ihrer Polarisierung wieder zur Kraft zurückkehren können.

- Aus der Störung der Selbstliebe entsteht der Selbstzweifel, der die beiden
Verhaltensweisen des Stars und des Fans hervorbringt, die erst durch die
Auflösung ihrer Polarisierung wieder zur Selbstliebe zurückkehren können.

Nun ist es deutlich leichter, diese drei möglichen Polarisierungen zu beschreiben,
als sie wieder aufzulösen. Ein erster Schritt besteht darin, diese Polarisierungen überhaupt erst einmal in sich zu erkennen und auch zu sehen, wie sie das eigene Leben
einschließlich des eigenen Verhältnisses zum Geld prägen.

Das Geld ist heute das Symbol Bild des Reichtums, der Macht und des Ruhmes –
was nur allzuoft mit Fülle, Kraft und Selbstliebe verwechselt wird.

- Reichtum ist der Begriff, in dem der Süchtige und der Asket denken;

- Macht ist der Begriff, in dem der Täter und das Opfer denken; und

- Ruhm ist der Begriff, in dem Star und Fan denken.

Man kann noch einen zweiten Schritt auf recht einfache Weise durchführen. Er ist
gewissermaßen eine „Mini-Familienaufstellung" – ähnlich wie die schon beschrie-
bene Aufstellung, bei der die eine Person das Geld verkörpert und die andere Person
den „Geld-Sucher".

Bei dieser Mini-Aufstellung legt man nebeneinander drei Blätter Papier auf den Boden und schreibt auf die beiden äußeren „Süchtiger" und „Asket" und auf das mittlere
„Fülle". Dann stellt man sich nacheinander erst auf die beiden äußeren Blätter und
dann auf das mittlere Blatt Papier und spürt nach, wie sich diese Positionen anfühlen.
Wenn man möchte, kann man von der Mitte aus imaginativ den beiden äußeren
Zustände je eine Hand reichen und schauen, wieviel von ihnen zur Mitte zurückkehren will.

Auf diese Weise kann man schon einmal ein Gefühl für die Qualität der Fülle
bekommen und auch einen ersten Schritt in die Richtung der Fülle gehen.

Wenn man möchte, kann man auch auf dem mittleren Blatt Papier stehend laut
sagen, daß man in diesen Zustand zurückkehren wird. Dabei ist die Anwesenheit einer
zweiten Person als Zeuge ausgesprochen förderlich – der Zeuge erdet den Beschluß.

Diese Mini-Aufstellung kann man auch mit „Täter", „Opfer" und „Kraft" sowie mit
„Star", „Fan" und „Selbstliebe" durchführen.

Diese beiden Themen können auch für das eigene Verhältnis zum Geld von Bedeutung sein – wenn man Geld vor allem als Machtmittel (Täter/Opfer) oder als Ausdruck der Anerkennung (Star/Fan) auffaßt.

Man kann auch noch einen dritten Schritt ausprobieren. Da die drei Polaritäten an die drei Chakrenpaare gekoppelt sind, kann man diese innere Polarisierung auch auf der Lebenskraft-Ebene zu ändern versuchen.

Die Methode ist dabei recht einfach: Man lenkt Lebenskraft in das Chakra, das einen Lebenskraft-Mangel hat. Dazu kann man wie in der bereits beschriebenen Mantra-Meditation ein Zweiwort-Mantra benutzen. Als erstes Wort (Quelle) bietet sich die eigene Seele an; als zweites Wort je nach Chakra „Fülle", „Kraft" oder „Selbstliebe" bzw. kurz „Liebe".

Daraus ergeben sich die folgenden Mantra-Meditationen:

Mantra-Meditation				
Extrem	*Chakra*		*Atem in Chakra leiten*	*Mantra*
	Lebenskraft-Stau	*Lebenskraft-Mangel*		
Süchtiger	Wurzelchakra	Scheitelchakra	Scheitelchakra	Seele – Fülle
Asket	Scheitelchakra	Wurzelchakra	Wurzelchakra	Seele – Fülle
Täter	Hara	Drittes Auge	Drittes Auge	Seele – Kraft
Opfer	Drittes Auge	Hara	Hara	Seele – Kraft
Star	Sonnengeflecht	Halschakra	Halschakra	Seele – Liebe
Fan	Halschakra	Sonnengeflecht	Sonnengeflecht	Seele – Liebe

Beim Einatmen spricht man innerlich „Seele" und stellt sich vor, Lebenskraft (Licht) in das betreffende Chakra zu lenken;

und beim Ausatmen spricht man innerlich das zweite Wort („Fülle", „Kraft" oder „Liebe") und stellt sich vor, daß in dem betreffenden Chakra die dorthin geleitete Lebenskraft aufleuchtet.

Ein sehr gründliche Methode ist generell die Kundalini-Meditation, da durch sie die Lebenskraft im eigenen Körper wieder zu fließen beginnt und dadurch alle Bereiche des Lebenskraft-Staus und des Lebenskraft-Mangels sowie die damit verbundenen Gefühle bewußt werden.

Die Chakren liegen an den folgenden Stellen im Körper:

- Scheitelchakra: oben auf dem Kopf
- Drittes Auge: zwischen den Augenbrauen
- Halschakra: in der Mitte des Halses
- Herzchakra: in der Mitte der Brust
- Sonnengeflecht: zwischen Brustbein und Nabel
- Hara: vier Fingerbreit unter dem Nabel
- Wurzelchakra: zwischen Genitalien und After

VII Geld ... ist das alles?

Ein Geldzauber steht im eigenen Leben nicht isoliert da – er ist ein Teil der gesamten Lebenssituation. Daher ist es auch für das Geld-Thema förderlich, sich die eigene Gesamtsituation anzuschauen. Ein Geldzauber wird effektiver sein, wenn er als Teil einer umfassenden Neuausrichtung durchgeführt wird.

Man kann sich die Fülle, die oft auf den Besitz von Geld reduziert wird, auch einmal anhand der vier Elemente und der Quintessenz differenzierter vergegenwärtigen:

- Erde	= Gedeihen Wohlstand
- Wasser	= Liebe, Nähe
- Luft	= Wahrheit, Erkenntnis
- Feuer	= Kraft, Gesundheit
- Licht	= aus seiner Identität heraus strahlen

Die ersten vier dieser fünf Formen der Fülle sind erst gemeinsam „rund". Sie entspringen aus der fünften Form der Fülle, aus dem Strahlen der eigenen Identität, die der Quintessenz entspricht.

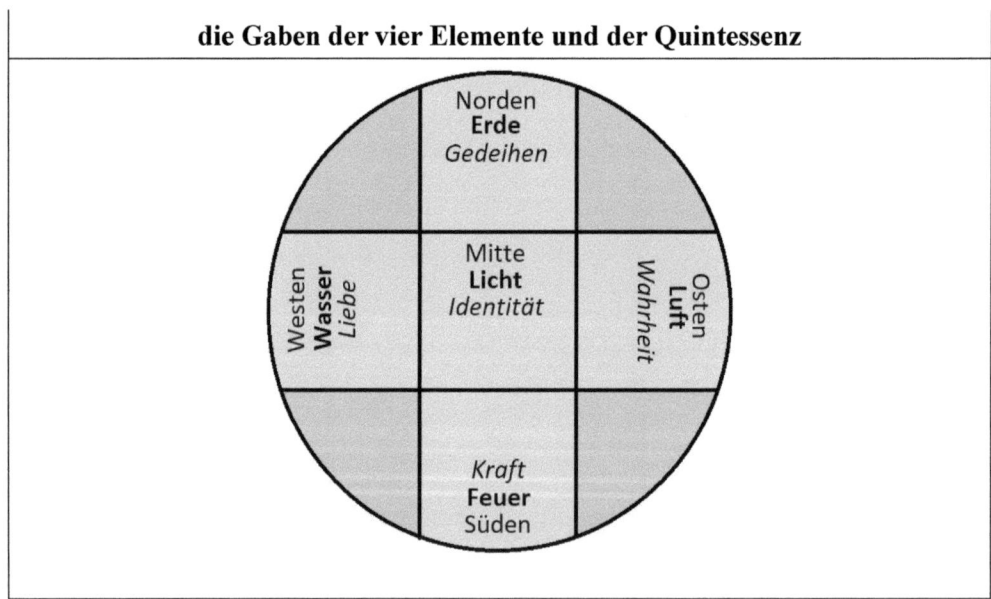

die Gaben der vier Elemente und der Quintessenz

Um zu einem umfassenderen Entwurf für die eigene Zukunft zu kommen, kann man sich z.B. die folgenden Fragen stellen:

- Was bedeutet Geld für mich?
- Welches Verhältnis habe ich zur Fülle?
- Was ist wesentlich in meinem Leben?
- Warum habe ich zu wenig Geld?
- Wird es mir fortgenommen?
- Verdiene ich zu wenig?
- Finanziere ich meinen drogensüchtigen Freund mit?
- Bin ich der Alleinverdiener in einer WG?
- Wie ist das Verhältnis meiner Eltern zu Geld?
- Habe ich Geld, aber brauche ich noch mehr?
- Bedeutet Geld für mich, daß ich anerkannt werde?
- Lebe ich an dem Ort, an dem ich leben will?
- Lebe ich mit den Menschen zusammen, die ich um mich haben möchte?

Derlei Fragen gibt es noch mehr, aber am besten schaut man selber, welche Fragen für einen selber wichtig sind.

Das Ziel dabei ist letztlich, eine Vision des Lebens zu finden, das man leben möchte – aber nicht das Bild eines Schlaraffenlandes als Gegenreaktion zum Mangel, sondern das Bild der „organischen Fülle", das das Herzchakra erstrahlen läßt.

Man kann diesem Bild durch ein kleines Spiel näherkommen:

- Schreiben Sie einen Wunschzettel an den Weihnachtsmann, was Sie sich für Ihr Leben wünschen.
- Stellen Sie sich vor, daß der Weihnachtsmann allmächtig wäre und schreiben Sie noch weitere Wünsche zu ihrem Wunschzettel hinzu.
- Seien Sie hemmungslos in Ihren Wünschen: Teetrinken mit dem Dalai Lama? Fliegen können? Auf dem Mars spazieren gehen? Einen Harem haben? Wie Dagobert Duck ein Geldbad nehmen? Eine Weltreise für den Rest des Lebens?
- Lesen Sie den Wunschzettel nun laut vor – am besten vor Zeugen. Lesen Sie ihn aber nicht als Wünsche vor, sondern als erfüllte Wünsche. Lesen sie die Wünsche vor und genießen Sie dabei, daß sie erfüllt worden sind.
- Spüren Sie den Gefühlen nach, die sie bei dem Vorlesen ihrer Wünsche haben.
- Wo sind diese Gefühle in Ihnen?
- Diese Gefühle sind bereits in Ihnen, obwohl Ihre Wünsche noch nicht in Erfüllung gegangen sind. Das bedeutet, daß das Glück, das Grinsen, das Strahlen, die Fülle bereits da sind – sie sind in Ihrem Herzchakra, das sich in diesem Leben ausdrückt und selber erlebt.

Man braucht nichts im Außen, um glücklich zu werden – das Glück ist im eigenen Herzen schon da und sucht nach Gelegenheiten im Außen, um sich auszudrücken.

Dieses Spiel funktioniert natürlich am besten, wenn man nicht schon alle Schritte dieses Spieles im voraus kennt, sondern wenn man es Schritt für Schritt durchführt – was sich in einem Buch allerdings schlecht umsetzen läßt.

Das wesentliche Erlebnis, das dieses Spiel vermittelt, ist das Wiederfinden des eigenen Herzchakras: „Ich bin kein leeres Gefäß, daß von außen her gefüllt werden muß – ich bin ein Füllhorn, dessen Fülle in die Welt fließen will."

Diese Erkenntnis ist letztlich die Heilung des Mangel-Erlebnisses und des Mangel-Gefühls. Durch das Wiederfinden dieser inneren Quelle des Herzchakras verändert sich die Perspektive, so wie es in „Gespräche mit Gott" anschaulich beschrieben ist: „Jede Situation ist eine Gelegenheit auszudrücken, wer ich bin."

Der Süchtige und der Asket, der Täter und das Opfer, der Star und der Fan leben alle in dem Bild einer übermächtigen Welt, in der sie nicht sein können, wer sie sind. Sie brauchen alle etwas aus der Welt, um das zu werden, was sie sind. Sie sehen alle die eigentliche Dynamik nicht mehr: das Strahlen der Identität im eigenen Herzchakra, die im Sonnengeflecht und im Halschakra zu allgemeinen Impulsen wird, die dann im Hara und im Dritten Auge zu konkreten Impulsen werden, und die dann schließlich im Wurzelchakra und im Scheitelchakra zu Erlebnissen führen.

Das Wiederfinden der Quelle des eigenen Strahlens in sich selber ist die eigentliche Heilung der Geldnot – einfach deshalb, weil dadurch an die Stelle des Bildes des Mangels, der Gewalt und der Selbstzweifel wieder das Bild der Fülle, der Kraft und der Selbstliebe tritt. Diese drei Qualitäten werden dann nicht mehr in der Welt gesucht, sondern sie strömen aus einem selber heraus.

Diese Sichtweise kann natürlich erst dann überzeugen, wenn man sie selber erlebt hat …

VIII Götter

Man kann den Hintergrund für den eigenen Geldzauber noch einmal einen Schritt mehr weiten und die Götter bzw. das kollektive Unterbewußtsein miteinbeziehen. Was damit gemeint ist, läßt sich am besten mit einem Beispiel beschreiben:

> Aus der Hippie-Bewegung haben sich ab ca. 1968 die Jesus-People entwickelt, die ihr Leben ganz in den Schutz von Jesus gestellt haben.
>
> Sie treffen sich morgens und schauen, was sie an dem Tag brauchen und beten dann gemeinsam dafür: Essen, eine Übernachtungsmöglichkeit, ein Fahrrad, etwas Fahrgeld usw. Bis zum Abend haben die Mitglieder der Gruppe all diese Dinge von jemandem geschenkt bekommen.
>
> Man kann durchaus auf diese Weise leben.

Das auffällige Element an dieser speziellen Form der Geld-Magie ist das völlige Vertrauen in eine Gottheit – im diesem Fall Jesus. Dieses Prinzip findet sich auch bei den Krishna-Anhängern, bei hinduistischen Bettel-Mönchen, bei Buddhisten u.a.

Dieses Vertrauen bewirkt eine Einsgerichtetheit, die auch aus der Magie bekannt ist. Sie findet sich z.B. in der Talisman-Weihung oder in der Konzentration auf eine Sigille. Der Unterschied zur Einsgerichtetheit in der Magie besteht bei den Gruppen, die auf eine Gottheit vertrauen, darin, daß diese Einsgerichtetheit in der Form des Vertrauens ständig als Hintergrund da ist. Die Einsgerichtetheit ist zu einer Grundhaltung geworden. In der Magie ist die Einsgerichtetheit hingegen nur für Augenblicke oder für kurze Zeitspannen da.

Aufgrund ihrer ständigen Einsgerichtetheit ist kaum möglich, mit diesen Menschen rational über ihre Weltanschauung zu sprechen – aber sie erreichen das, was sie wollen. Und das ist in der Regel der wichtigere Punkt …

Diese Menschen haben auch die tiefe Überzeugung, richtig zu handeln. Das macht sie weitestgehend unangreifbar.

> Es ist nicht einmal notwendig, einer bestimmten Gottheit zu vertrauen – man kann auch in das Leben vertrauen.
>
> Nachdem ich mich als Autor und Berater selbständig gemacht habe, sind meine alten Existenzängste ziemlich heftig an die Oberfläche gekommen. Ich konnte mich zwar ein bißchen damit beruhigen, daß es in Deutschland gar nicht so einfach ist, an Armut zu sterben, aber das Bild, irgendwann einmal unter einer Brücke zu verhungern und zu erfrieren, ließ sich einfach nicht beruhigen.
>
> Eines Tages habe ich eingesehen, daß ich einfach eine Sicherheit brauche,

daß es für mich ohne sie einfach nicht geht. Da habe ich spontan beschlossen, „denen da oben" (meiner Seele, den Göttern, Gott usw.) zu vertrauen. Das war keine Erkenntnis, kein geplantes Vorgehen – das war ein spontaner Entschluß. Er kam von ganz innen und war hundertprozentig, ohne jegliche Einschränkung.

Seitdem werde ich von „denen da oben" getragen – inzwischen seit 15 Jahren.

Diese Haltung bedeutet keineswegs, daß man allmächtig ist, daß man alles bekommt, was man haben will – aber es bedeutet, daß man alles bekommt, was man braucht und was gut für einen selber ist.

Das Annehmen von Veränderungen im eigenen Leben ist auch eine große Hilfe für diese Haltung: Wenn man sich an nichts mehr festklammert, entsteht Platz für die Fülle …

In den Jahren, in der ich die 87 Bücher über die germanischen Götter geschrieben habe, hatte ich manchmal kein Geld, um meine Miete zu zahlen. In diesen Fällen habe ich dann innerlich den germanischen Göttern gesagt, daß ich Geld brauche und daß ich sonst die Bücher über sie nicht fertig schreiben kann.

Offenbar fanden sie, daß es diese Bücher geben sollte, denn ich habe stets nach kurzer Zeit Geld erhalten – in einem Fall z.B. einen Scheck über 500€ von einem Mann, dem ich ein Jahr zuvor mithilfe von Feng Shui geholfen hatte, ein Grundstück zu verkaufen, das er schon seit 20 Jahren loswerden wollte. Dieser Mann war plötzlich auf die Idee gekommen, daß er mir für meine Hilfe doch einen größeren Betrag zukommen lassen wollte.

Wenn „die da oben" irgendwann einmal der Meinung sein sollten, daß ich etwas anderes tun soll als schreiben und beraten, dann werde ich halt etwas anderes machen … es wird dann etwas sein, was mich noch mehr bereichert als das, was ich zur Zeit tue.

Diese Haltung der völligen Einsgerichtetheit, in der es keinerlei Zweifel, Unsicherheit, Schwanken, Skepsis und ähnliches mehr gibt, führt auch ganz allgemein zu der „außergewöhnlichen Magie" wie Materialisiationen, Levitationen u.ä.

IX Tu was Du willst.

Man kann die bisherigen Überlegungen auf eine einfache Weise zusammenfassen:

- Erkenne Dich selber.
- Vertraue dem Leben.
- Sei mutig.
- Zeige, wer Du bist.
- Tue den ersten Schritt in die richtige Richtung.
- Tue, was Du willst – dann folgt das Gedeihen von selber.

X Magie statt Marktwirtschaft

Das Prinzip „Vertrauen in das Leben" wird bisher nur von einzelnen Menschen und von religiösen Gruppen angewendet und gelebt. Was würde passieren, wenn die ganze Menschheit dieses Prinzip anwenden würde? Was würde sich dann ändern? Was kann man über eine solche Form des Zusammenlebens sagen?

- Das Vertrauen in das Leben oder die Götter würde ein grundlegend anders Fundament als es heute üblich ist erschaffen.

- Dieses Vertrauen, also das „vom Ganzen getragen werden" würde durch eine umfassende Verantwortung, also durch ein „das Ganze tragen" ergänzt werden. Das ist das, was heute in politischer, ökonomischer und ökologischer Hinsicht gebraucht wird.

- Das Vertrauen in das Ganze und die Verantwortung für das Ganze würde ein Weltbild und vor allem auch eine Lebensgefühl und eine Verhaltensweise entstehen lassen, das nicht mehr das Miteinander und Gegeneinander von einzelnen Wesen ist, sondern ein Kontinuum.
Dieses Kontinuum wird auch in der heutigen Physik immer deutlicher: Es gibt das eine „etwas", das als Raum, Zeit, Energie und Materie erscheinen kann.

- Die Identität wird dann in der Bewußtheit der eigenen Qualität verwurzelt sein und nicht mehr in der Abgrenzung gegen das „andere".
Dies ist der Zustand der Erleuchteten, den Buddha beschreibt: grenzenloser Gleichmut, grenzenlose Barmherzigkeit, grenzenlose Liebe und grenzenlose Freude.

- Die Menschheit wird sich aufgrund dieses Kontinuums als Familie begreifen. Der wirtschaftlich-politische Aspekt wird schon heute als Globalisierung deutlich.

- Ein wesentlicher Entwicklungsschritt wird darin bestehen, Individualität und Globalisierung miteinander in Einklang zu bringen: Jeder ist ein Teil des Ganzen – jeder Mensch ist ein Teil der Menschheit und mit ihr unauflöslich verbunden. Daher gehören die Wertschätzung der eigenen Individualität und die Wertschätzung der Individualität der anderen zusammen.
Das heißt nicht, daß es keine Konflikte mehr geben wird, sondern nur, daß

man sie aus einem anderen Blickwinkel heraus lösen wird.

- Das individuelle Unterbewußtsein wird als fester Bestandteil des kollektiven Unterbewußtsein gesehen werden. Das individuelle Unterbewußtsein ist durch Telepathie und Telekinese fest mit dem kollektiven Unterbewußtsein verbunden.

Daher können Wünsche, die von Vertrauen und Verantwortung getragen werden, den „Zufall" lenken. Diese Art von Wünschen können die Taten der Menschen koordinieren und den Warenfluß lenken.

Vertrauen und Verantwortung ermöglichen eine bewußte Verbindung zu dem kollektiven Unterbewußtsein – bzw. zu den Göttern, wenn diese Bezeichnung vorzieht.

Vertrauen und Verantwortung entstehen aus der Wahrnehmung der Verbindung des Einzelnen durch Telepathie und Telekinese mit dem Ganzen.

Das Leben in diesem Bewußtsein und das Nutzen dieses „ein Teil des Ganzen sein" ist Magie im großen Stil – und „außergewöhnliche Magie".

Bislang gibt es davon nur Beschreibungen in Sciencefiction-Romanen, wo solche Gesellschaften als „Planet der Weisen" u.ä. auftreten.

- Eine solche Wirtschaftsform ist nicht auf dem Mangel-Bewußtsein, sondern auf dem Fülle-Bewußtsein aufgebaut. Da in einem solchen Wirtschaftssystem die Dinge nicht mehr zu denen kommen werden, die für die Dinge das meiste bezahlen können, sondern zu denen, die sie am dringendsten brauchen und von ihnen den größten Nutzen haben, wird der Gesamtnutzen dieser Art von Güter-Verteilung wesentlich größer sein als heute.

Die Güter-Verteilung per Magie klingt utopisch, aber sie umsetzbar – und sie ist effektiv.

Und man kann damit durchaus auch als Einzelner beginnen – ich lebe seit 15 Jahren nur von „Spenden". Ich gebe das in die Welt, was ich gerne gebe, und erhalte von der Welt das, was ich brauche. Der Tauschhandel mit oder ohne Geld ist letztlich kein effektiver Warenverteilungs-Mechanismus. Wenn man stets denen gibt, die es am meisten brauchen, und nicht nach einer Gegenleistung fragt, werden die Dinge sinnvoller verteilt.

- Das Vertrauen und die Verantwortung werden auch die Geldfixiertheit auflösen, sodaß man wieder vernünftige Dinge produzieren kann: Güter, die möglichst haltbar sind und die Umwelt möglichst wenig wenig belasten.

Das Grundprinzip in dieser Wirtschaftsform ist „Kooperation statt Konkurrenz". In der Marktwirtschaft gibt es arbeitssuchende Arbeitslose, Kapital, Rohstoffe und Wissen – aber das System ist unfähig, diese Dinge so zu koordinieren, daß alle das erhalten, was sie brauchen …

Hier wird eine andere Form der Koordination gebraucht als die „Konkurrenz um das Geld": eben die Gesamtbetrachtung und ein von allen genutztes kollektives Unterbewußtsein, in das sie ihre Wünsche in Vertrauen und Verantwortung als „einsgerichtete Wünsche" eingeben.

Damit kann jeder Einzelne beginnen, indem er die „einsgerichtete Geld-Magie" benutzt, die aus dem Strahlen des Herzchakras heraus entsteht.

Dieser Entwurf eines zukünftigen Wirtschaftssystem bedeutet keineswegs, daß alle auf dieselbe Weise wünschen müssen – es ist weiterhin notwendig, daß jeder seinen eigenen Stil in einem solchen System findet.

Man muß auch nicht an dieses System „glauben", denn es wird von selber entstehen, wenn genügend Menschen dieses „einsgerichtete Wünschen" für sich entdeckt haben und es anwenden. Aus dem Egoismus der Einzelnen entsteht das sinnvolle Gesamtsystem, wenn dieser Egoismus mit Sachkenntnis, Einsicht und Weitsicht verbunden wird.

Die Globalisierung braucht auch keine Verdrängung des Egoismus, sondern lediglich einen weitsichtigen Egoismus, der die Folgen des eigenen Handelns überschaut – und der den Mut hat, neue Möglichkeiten auszuprobieren.

Die Geld-Magie ist ein guter Ansatz dazu, wenn man nicht bei den ersten kleinen Erfolgen stehen bleibt, sondern neugierig und mutig immer weiter erforscht, wie man die Fülle im eigenen Leben wieder befreien kann.

XI Anrufungen

Die folgenden Texte sind keine traditionellen Texten, sondern selbstverfaßte „Gebrauchs-Lyrik", die möglichst unterschiedliche Formen haben.

Sie sind als Hilfe bei den Geld-Ritualen gedacht – sie können so verwendet werden, wie sie hier stehen, aber genausogut auch verändert, gekürzt oder erweitert werden. Vielleicht inspirieren sie auch dazu, selber Anrufungen u.ä. zu schreiben. Die folgenden Verse sollen letztlich nur eine Starthilfe sein …

an Freyr

Freyas Freund, gewähre mir Fülle,
Frieden und volle Felder;
Nachkomme des Njörd von Noatun,
nach Nahrung, nach Speisen suche ich.

Gatte der Gefiun, Du Gabenfroher,
Gib mir Geld und Güter und Gewinn;
Wane aus Wanenheim, Wohlstands-Wahrer,
gewähre mir Gedeihen im Wandel der Zeiten!

an Zeus

Donner-Erreger, Mächtiger, Du König des Olymp,
Deine Wolken senden den Acker-befruchtenden Regen,
das Vieh-erfreuende Naß über das Wein-reiche Arkadien
das Kornschatz-beladene Hellas, über das Schiffe-befahrene Meer;

sende auch mir wohlschmeckende Speisen für meine Tafel,
ein Haus und einen Garten für meine vielköpfige Familie,
Schlacht-Entscheidender, Helm-Bekrönter, Athenes Vater,
Heras Gatte, Herr der Götter, laß mich gedeihen!

an Auriel

Auriel, Engel des Nordlicht-Landes
Du hältst ein Teil des bunten Bandes,
das die vier Formen der Fülle verwebt –
ich habe sie schon oft voll Dank erlebt.

Auriel, Bote der Felder, Wiesen und Berge,
Sende mir die Gaben Deiner Zwerge,
Schenke mir, was mir Gedeihen bringt,
damit mein Herz vor Freude singt!

an Lakshmi

Lakshmi, liebevolle Schützerin des Surya,
Göttin der Schönheit und Frau der Könige,
gib uns Fülle, gieße Regen auf die Felder,
weite unsere Herzen in Liebe zu Dir.

Mischerin des goldnen Soma-Tranks,
Mutter, Deine Milch nährt alle Menschen,
alle Tiere, alle Pflanzen, alle Wesen,
Du bist der Reichtum – innen und außen!

an Enki

Enki, Du läßt das Gras auf den Weiden grünen,
Enki, Du läßt das Korn auf den Feldern sprießen;
Enki, Du bist die Erde unter unsern Füßen,
Enki, Du bist der Boden unter den Hufen unserer Rinder.

Enki, Du bist der Berg, der den Himmel berührt,
Enki, Du bist der Turm, der die Wolken begrüßt;
Enki, Du bist der Quell der Fülle,
Enki, Du bist das Tor des Gedeihens!

an Geb

Geb, Gott der Erde, Ma'at ist Dein Wesen,
Gatte der Nut, Ma'at ist Deine Frucht,
Voller Ma'at ist Dein Blick auf uns –
Ma'at ist die Richtigkeit in allen Dingen.

Geb, Du trägst den Luftgott Shu in Ma'at,
Du formst die Pflanzen in Ma'at,
Du gibst den Tieren Ma'at in Fülle –
Ma'at ist die Richtigkeit in meinem Herzen.

an Iktomi

Iktomi, Spinnenmann, zeige mir einen Weg zur Fülle,
zeig mir meinen Totempfahl, mein Tier, meine Seele;
Du kennst alle verborgenen Wege, die Listen,
und alle Geheimnisse – Du bist der Weitgewanderte.

Verbinde mich mit der Welt, Du Erfinder von allem Neuen,
zeige mir das Alte, die Mutter, die ich suche,
Du kennst gewiß den Schwitzhütten-Weg zu ihr
und alle verborgenen Schätze – Du hast viel gesehen.

an Jupiter

Jupiter, Planet der Fülle in meinem Horoskop,
öffne mir Deine Tore, daß ich zu Dir kommen kann,
daß Deine Fülle zu mir fließt, gibt mir Weisheit,
daß ich sehe, wer ich bin – und was mich glücklich macht!

Jupiter, lehre mich meinem Quadrat Freiheit zu geben,
dem Quincunx den Wandel zu lassen und mich an ihm zu erfreuen,
dem Halbsextil Raum zum Wachsen zu geben,
und in der Opposition zu schwingen – und all das in freudiger Fülle!

XII Ein Fülle-Ritual

Bei fast allen Menschen, die rituelle Magie erforschen und benutzen, zeigt sich derselbe Effekt:

- Zunächst benutzt man einfache traditionelle Rituale;
- dann die komplexeren traditionellen Rituale;
- danach werden selber die ersten einfachen Rituale verfaßt;
- diese Rituale werden mit der Zeit immer komplexer;
- die Intensität der Rituale nimmt zu und sie werden wieder schlichter;
- die Rituale werden zu einfachen Gesten;
- an die Stelle der Rituale tritt schließlich eine innere Haltung.

Das im folgenden dargestellte Ritual wird anhand dieses Entwicklungsbogens dargestellt, bis es schließlich jede Form verlieren und zu einer Haltung im Leben werden kann:

Teil 1 dient dem Kontakt zu den vier Elementen und der Quintessenz.
Teil 2-3 sind Elemente, die in dem eigentlichen Ritual benutzt werden.
Teil 4-6 sind die drei Teile des Fülle-Rituals.
Teil 7 ist die Reduzierung des Rituals auf seinen wesentlichen Kern.
Teil 8-9 ist die Haltung im Leben, die durch dieses Ritual gefunden werden kann.

XII 1. Traumreise zu den Elementen

Die erste Vorbereitung ist recht einfach. Sie besteht aus fünf Traumreisen – je eine in das Element Erde, Wasser, Luft und Feuer sowie in die Quintessenz, also in das Licht. Man kann sich in diesen Element-Traumreisen auf drei verschiedene Weisen ausrichten:

- entweder einfach schauen, was man sieht,
- oder nach dem Wichtigsten suchen
- oder eine Element-Gottheit oder den Element-Erzengel zu erscheinen bitten.

Diese Traumreisen dienen dazu, die Elemente „lebendig zu machen". Falls man schon Erfahrungen mit den Elementen hat, kann man diesen Schritt fortlassen.

Als Tor für die Traumreisen kann man die Symbole aus der folgenden Liste benutzen. In der ersten Zeile stehen die indischen Tattwa-Symbole; in der zweiten Reihe die alchemistischen Symbole. In der dritten Zeile findet sich noch ein weiteres Mitte-Symbol, das sowohl aus Indien als auch aus dem Abendland bekannt ist.

die Elemente-Symbole				
Licht	*Feuer*	*Wasser*	*Luft*	*Erde*
schwarzes Ei	*rotes Dreieck*	*silberne Sichel*	*blauer Kreis*	*gelbes Quadrat*

XII 2.   Das kabbalistische Kreuz

Das kabbalistische Kreuz hat mehrere Funktionen: Es ist ein Segenszeichen, ein Schutzzeichen und es kann in Ritualen sozusagen als Satzzeichen, also als Punkt, Komma und Semikolon benutzt werden, um einzelne Ritual-Teile voneinander abzugrenzen.

Das kabbalistische Kreuz bezieht sich auf die Sephiroth (Bereiche) des kabbalistischen Lebensbaumes.

das kabbalistische Kreuz		
Worte (aramäisch)	Übersetzung	Geste
Ateh	Dein ist	die linke Hand kommt von oben herab und berührt mit den Fingerspitzen die Stirn
Malkuth	das Reich	die Hand zieht die Linie, die über dem Kopf begann, weiter hinab, bis die Hand zu einem Punkt unter den Füßen weist und somit den senkrechten Balken kennzeichnet
ve-Geburah	und die Kraft	die Fingerspitzen berühren die rechte Schulter
ve-Gedulah	und die Herrlichkeit	die Fingerspitzen gehen hinüber zur linken Schulter und berühren sie und ziehen dadurch den Querbalken des Kreuzes
le-Olam, Amen.	in Ewigkeit, Amen.	beide Hände werden vor der Brust gefaltet und dadurch symbolisch beide Balken miteinander verbunden, wobei man an dem Kreuzungspunkt eine rote Rose imaginieren kann

XII 3. Das Pentagramm-Ritual

Da das Pentagramm-Ritual ein Bestandteil des in den Abschnitten XI. 5. bis XI 7. dargestellten Rituals ist, ist es sinnvoll, zunächst einmal dieses Ritual eine Zeitlang zu üben, bis es einem geläufig geworden ist.

Dieses Ritual stellt zum einen einen Schutzraum her und zum anderen lädt es diesen Raum mit Lebenskraft auf. Es läßt sich daher in der Magie vielseitig anwenden.

1. Kabbalistisches Kreuz: *„Ateh Malkuth ve-Geburah ve-Gedulah le-Olam Amen. "*

2. Mit dem Zeige- und Mittelfinger der rechten Hand das Zeichnen des Kreises auf dem Boden andeuten und dabei den Kreis imaginieren – zweimal wiederholen; dabei wird der Kreis dabei jedesmal deutlicher.

3. Ziehe mit der Hand (Geste und Imagination) das östliche Pentagramm (ein aufrechtes Pentagramm, das mit einer Spitze nach oben und mit zwei Spitzen nach

unten weist; man beginnt von links unten nach oben Mitte, weiter nach rechts unten, nach links Mitte, waagerecht nach rechts Mitte, nach links unten). Halte die Hand in die Mitte des imaginierten Pentagramms und singe: *„Yod-He-Vau-He"* (Element Luft);

4. Ziehe auf dieselbe Weise das südliche Pentagramm und singe *„Adonai"* (Element Feuer).

5. Ziehe auf dieselbe Weise das westliche Pentagramm und singe *„Eheieh"* (Element Wasser).

6. Ziehe auf dieselbe Weise das nördliche Pentagramm und singe *„Agla"* (Element Erde).

7. Stehe in Kreuzhaltung (Arme nach beiden Seiten ausgestreckt) mit dem Blick nach Osten und sprich und imaginiere:
„Vor mir Raphael (gelb-violetter Erzengel der Luft, hält ein Schwert, im Hintergrund Wolken),
hinter mir Gabriel (blau-oranger Erzengel des Wassers, hält einen Kelch, im Hintergrund das Meer),
zu meiner rechten Hand Michael (rot-grüner Erzengel des Feuers, hält einen Stab, im Hintergrund Flammen),
zu meiner linken Hand Auriel (zitronengelb-olivgrün-rotbraun-schwarzer Erzengel der Erde, hält eine Münze, im Hintergrund Felder, Weiden und Wälder),
ich stehe inmitten des Kreises (die Imagination des Kreises verstärken)
und über mir flammt der sechsstrahlige Stern (Hexagramm = Symbol der sieben Planten mit der Sonne im Zentrum). "

8. Kabbalistisches Kreuz: *„Ateh Malkuth ve-Geburah ve-Gedulah le-Olam Amen."*

XII 4. Das erste Ritual: Ideal und Schatten

Wenn man wenig Erfahrung mit ritueller Magie hat, empfiehlt es sich, die drei Rituale (XI 4., XI 5. und XI 6.) einzeln an verschiedenen Tagen durchzuführen. Wenn man schon in ritueller Magie geübt ist, kann man sie auch als ein einziges, etwas komplexes Ritual durchführen.
Generell ist es förderlich, wichtige Rituale an Vollmond durchzuführen – die Spannung ist größer und Verwandlungen sind leichter zu erreichen.

Das Ziel dieses ersten Teils des dreiteiligen Rituals ist es, die beiden polarisierten Extreme, in die das Bild der Fülle auseinandergebrochen ist, aufzulösen und das heile Bild der Fülle wiederzufinden.

Möglicherweise findet man auch keine solchen Extreme, weil man bereits dieses Thema geheilt hat – oder es nie zu einer Polarisierung gekommen ist.

Die Extreme sind beide nicht der heile Zustand, sondern eben zwei entgegengesetzte Abweichungen. Um dies deutlicher zu machen, folgen hier ein paar Beispiele:

Polarisierung und Mitte		
zuwenig („leise")	*Mitte*	*zuviel („laut")*
armer Bettler	haben, was man braucht	reicher König
Einsamkeit	Liebe	Harem
Ohnmacht	Kraft	Macht
Fasten	Essen genießen	Freßgier
Schweigen	Reden	Alleinunterhalter

Alle Texte in diesem Ritual sind Vorschläge. Man sollte sie gegebenenfalls so kürzen, erweitern oder umformen, daß man sich mit ihnen wohlfühlt. Man kann sie auch ganz umschreiben, neuschreiben oder auch einfach improvisieren. Es ist auch wichtig, daß die Texte einen Stil haben, der einem zusagt. Die Texte in diesem Ritual sind in etwa in dem Stil der „Golden Dawn"-Rituale verfaßt worden.

Die folgenden Text-Vorschläge dienen dazu, deutlich zu machen, was in dem Ritual geschieht.

1. Der Ritual-Platz wird mit dem Pentagramm-Ritual definiert, geweiht und mit Lebenskraft aufladen.

2. Man steht im Osten und blickt nach Osten. Wenn man Rechtshänder ist, streckt man den rechten Arm aus (sonst den linken Arm) und formt die Hand zu einer flachen Schale.

„Luft in mir,
mein Denken, mein Erkennen, mein Sprechen –
das, was ich mit Anstrengung anstrebe,
möge in meiner rechten Hand erscheinen."

Man schaut, was man in seiner Hand wahrnehmen kann. Man spürt in das, was man sieht, hinein.

Nun streckt man den linken Arm und die linke Hand aus (wenn man Rechtshänder ist) und formt mit der Hand eine flache Schale.

„Luft in mir,
mein Denken, mein Erkennen, mein Sprechen –
das, was ich mit Anstrengung vermeide,
möge in meiner linken Hand erscheinen."

Man schaut wieder, was man in seiner Hand wahrnehmen kann. Man spürt in das, was man sieht, hinein.

Nun führt man seine Hände langsam zusammen und legt sie so zusammen, daß zwischen den Handflächen ein Hohlraum ist, in dem sich das Luft-Ideal und der Luft-Schatten befinden. Da beides zwei Gegensätze sind, zwei polare Extrembildungen, beginnen sie sich gegenseitig zu bekämpfen und zu zerstören.

„Schlange des Erdfeuers,
Kundalini,
bringe Lebenskraft in das Ideal und den Schatten meiner Luft,
löse den starren, leidvollen Gegensatz in mir auf."

Man wartet, bis man zwischen den Handflächen die Wärme merkt, die durch die Schlange und die Auflösung der Gegensätze entsteht.

„Adler des Lichtes,
Himmelsbote,
bringe die Erinnerung an die wahre Gestalt zurück in meine Luft,
laß die Luft in mir wiedergeboren werden."

Wenn man das Gefühl hat, daß die neue Gestalt der Luft entstanden ist, öffnet man seine Hände und hält sie so nebeneinander, daß die beiden Handflächen eine flache Schale bilden. Man schaut, was man nun auf seinen Handflächen sieht.

Dann nimmt man die eigene verwandelte, „entpolarisierte" und geheilte Luft es in sich zurück, indem man seine beiden Handflächen mit der geheilten Luft auf das eigene Herzchakra legt.

3. Nun führt man dasselbe im Süden mit dem Feuer durch. Da die Handlungen dieselben sind, sind hier nur die Texte, die gesprochen werden, aufgeführt.

„Feuer in mir,
mein Handeln, mein Kämpfen, mein Tanzen –
das, was ich mit Anstrengung anstrebe,
möge in meiner rechten Hand erscheinen."

„Feuer in mir,
mein Handeln, mein Kämpfen, mein Tanzen –
das, was ich mit Anstrengung vermeide,
möge in meiner linken Hand erscheinen."

„Schlange des Erdfeuers,
Kundalini,
bringe Lebenskraft in das Ideal und den Schatten meines Feuers,
löse den starren, leidvollen Gegensatz in mir auf."

„Adler des Lichtes,
Himmelsbote,
bringe die Erinnerung an die wahre Gestalt zurück in mein Feuer,
laß das Feuer in mir wiedergeboren werden."

4. Nun führt man dasselbe im Westen mit dem Wasser durch.

„Wasser in mir,
mein Lieben, mein Sehnen, mein Fühlen –
das, was ich mit Anstrengung anstrebe,
möge in meiner rechten Hand erscheinen."

„Feuer in mir,
mein Lieben, mein Sehnen, mein Fühlen –
das, was ich mit Anstrengung vermeide,
möge in meiner linken Hand erscheinen."

„Schlange des Erdfeuers,
Kundalini,
bringe Lebenskraft in das Ideal und den Schatten meines Wassers,
löse den starren, leidvollen Gegensatz in mir auf."

„Adler des Lichtes,
Himmelsbote,
bringe die Erinnerung an die wahre Gestalt zurück in mein Wasser,
laß das Wasser in mir wiedergeboren werden.“

5. Nun führt man dasselbe im Norden mit der Erde durch.

„Erde in mir,
mein Formen, mein Ergreifen, mein Arbeiten –
das, was ich mit Anstrengung anstrebe,
möge in meiner rechten Hand erscheinen.“

„Erde in mir,
mein Formen, mein Ergreifen, mein Arbeiten –
das, was ich mit Anstrengung vermeide,
möge in meiner linken Hand erscheinen.“

„Schlange des Erdfeuers,
Kundalini,
bringe Lebenskraft in das Ideal und den Schatten meiner Erde,
löse den starren, leidvollen Gegensatz in mir auf.“

„Adler des Lichtes,
Himmelsbote,
bringe die Erinnerung an die wahre Gestalt zurück in meine Erde,
laß die Erde in mir wiedergeboren werden.“

6. Man steht in der Mitte und blickt nach Osten. Man läßt sich Zeit, die vier Elemente in den vier Richtungen und die Veränderungen in sich selber zu spüren.

7. Man beendet das Ritual mit dem Pentagramm-Ritual.

XII 5.   Das zweite Ritual: Die Erzengel

Dieser zweite Teil des Fülle-Rituals hat die Funktion, die im ersten Teil gefunden heilen Zustände der vier Elemente in einen größeren Zusammenhang zu setzen und sie zu einem Teil der allgemeinen vier Elemente werden zu lassen. Das eigene Feuer wird Teil des allgemeine Feuers, die eigene Luft Teil der allgemeinen Luft usw. Diese vier allgemeinen Elemente erscheinen als die vier Erzengel, die in dem Pentagramm-Ritual gerufen werden.

Hier werden die Bilder in dem eigenen individuellen Unterbewußtsein mit den Urbildern in dem kollektiven Unterbewußtsein verbunden.

1. Der Ritual-Platz wird mit dem Pentagramm-Ritual definiert, geweiht und mit Lebenskraft aufladen.

2. Man steht im Osten und schaut auf den Luft-Erzengel Raphael. Man macht mit seinen Armen und Händen eine Geste, als ob man einen zweiteiligen Vorhang öffnen und nach links und rechts fortschieben würde.

„Raphael, Erzengel der Luft,
öffne das Tor des Ostens für mich,
zeige mir die Luft in der Welt,
laß mich das sehen, was mich bereichert. "

Man bleibt eine Weile stehen und schaut, was man wahrnimmt.
Man legt beide Hände auf sein Herz, besinnt sich auf die Qualität der geheilten Luft in sich und bewegt dann beide Arme und Hände mit einer Geste des Sich-Öffnens nach vorne. Dabei stellt man sich vor, daß man die eigene geheilte Luft für die allgemeine Luft öffnet.

„Ich öffne meine Luft der Luft in der Welt,
mein Denken, mein Erkennen, mein Sprechen –
Raphael, laß die Luft der Welt durch mich wehen,
daß ich mit allem Wissen verbunden werde. "

Man schaut, wie sich dieses Öffnen anfühlt, was man wahrnimmt, was geschieht.

„Raphael, öffne mir die Fülle der Luft,
lenke das Wissen, die Erkenntnis, die Wahrheit zu mir,
hilf mir, meine Grenzen aufzulösen
und mit meiner Luft Teil des Windes zu werden."

Man spürt wieder, wie sich dieses Öffnen anfühlt.

Man sendet Lichtstrahlen, Lebenskraftfäden nach Osten aus, die die eigene Luft telepathisch und telekinetisch mit der Luft in der Welt verbinden.

„Raphael, Erzengel des Luft-Tempels,
laß mich in Deinem Heiligtum wohnen,
ein Atemhauch in Deiner Luft werden
und Deine Fülle genießen."

3. Nun führt man dasselbe im Süden mit dem Feuer durch. Da die Handlungen dieselben sind, sind hier nur die Texte, die gesprochen werden, aufgeführt.

„Michael, Erzengel des Feuers,
öffne das Tor des Südens für mich,
zeige mir das Feuer in der Welt,
laß mich das sehen, was mich bereichert."

„Ich öffne mein Feuer dem Feuer in der Welt,
mein Handeln, mein Kämpfen, mein Tanzen –
Michael, laß das Feuer der Welt durch mich flammen,
daß ich mit aller Kraft verbunden werde."

„Michael, öffne mir die Fülle des Feuer,
lenke die Kraft, die Begeisterung, die Lust zu mir,
hilf mir, meine Grenzen aufzulösen
und mit meinen Flammen Teil des Feuers zu werden."

„Michael, Erzengel des Feuer-Tempels,
laß mich in Deinem Heiligtum wohnen,
eine Flamme in Deinem Feuer werden
und Deine Fülle genießen."

4. Nun führt man dasselbe im Westen mit dem Wasser durch.

„Gabriel, Erzengel des Wassers,
öffne das Tor des Westens für mich,
zeige mir das Wasser in der Welt,
laß mich das sehen, was mich bereichert."

„Ich öffne mein Wasser den Fluten in der Welt,
mein Lieben, mein Sehnen, mein Fühlen –
Gabriel, laß das Wasser der Welt durch mich fließen,
daß ich mit aller Liebe verbunden werde."

„Gabriel, öffne mir die Fülle des Wassers,
lenke das Fühlen, die Anteilnahme, die Liebe zu mir,
hilf mir, meine Grenzen aufzulösen
und mit meinem Wasser Teil des Meeres zu werden."

„Gabriel, Erzengel des Wasser-Tempels,
laß mich in Deinem Heiligtum wohnen,
ein Tropfen in Deinen Wassern werden
und Deine Fülle genießen."

5. Nun führt man dasselbe im Norden mit der Erde durch.

„Auriel, Erzengel der Erde,
öffne das Tor des Nordens für mich,
zeige mir die Erde in der Welt,
laß mich das sehen, was mich bereichert."

„Ich öffne meine Erde der Erde in der Welt,
mein Formen, mein Ergreifen, mein Arbeiten –
Auriel, laß die Erde der Welt mich erfüllen,
daß ich mit aller Erde verbunden werde."

„Auriel, öffne mir die Fülle der Erde,
lenke den Wohlstand, das Gedeihen, die Früchte zu mir,
hilf mir, meine Grenzen aufzulösen
und mit meiner Erde Teil der Erde zu werden."

*„Auriel, Erzengel des Erde-Tempels,
laß mich in Deinem Heiligtum wohnen,
eine Krume in Deiner Erde werden
und Deine Fülle genießen. "*

6. Man steht in der Mitte und blickt nach Osten. Man spürt die vier Elemente um sich her – und sich selber als ein integrierter Teil dieser Elemente.

7. Man beendet das Ritual mit dem Pentagramm-Ritual.

XII 6.   Das dritte Ritual: Das Kontinuum

1. Der Ritual-Platz wird mit dem Pentagramm-Ritual definiert, geweiht und mit Lebenskraft aufladen.

2. Man steht nach Osten zu Raphael gewandt und öffnet seine Arme in einer empfangenden Geste.

*„Raphael, Wind der Welt,
ich wehe als Teil von Dir in Dir,
Dein Wissen, Deine Bewegung, Dein Wandel
sind auch in mir. "*

Man dreht sich um und steht mir dem Rücken nach Osten. Man hebt die Arme und Hände erst nach Süden zum Feuer, dann nach Westen zum Wasser und dann nach Norden zur Erde.

*„Raphael, Wind der Welt,
Deine Fülle fließt zum Feuer im Süden,
Deine Fülle fließt zum Wasser im Westen,
Deine Fülle fließt zur Erde im Norden. "*

Man steht weiterhin mit dem Rücken zum Osten und hebt seine Arme und Hände zur Mitte hin.

„Raphael, Wind der Welt,
Deine Fülle fließt in die Mitte,
in mein Herz, meine Seele, meine Mitte
und erstrahlt in meinem Denken, Erkennen, Sprechen."

Man geht zur Mitte, blickt nach Osten und legt beide Hände auf sein Herzchakra.

„Raphael, Wind der Welt,
Du bist in allem und in mir;
Raphael, Wind der Welt,
Du bist die Fülle in meinem Leben."

Man bleibt eine Weile so stehen und genießt die Fülle.

3. Nun führt man dasselbe im Süden mit dem Feuer durch.

„Michael, Feuer der Welt,
ich brenne als Teil von Dir in Dir,
Deine Kraft, Deine Begeisterung, Deine Lust
sind auch in mir."

„Michael, Feuer der Welt,
Deine Fülle fließt zum Wasser im Westen,
Deine Fülle fließt zur Erde im Norden,
Deine Fülle fließt zur Luft im Osten."

„Michael, Feuer der Welt,
Deine Fülle fließt in die Mitte,
in mein Herz, meine Seele, meine Mitte
und erstrahlt in meinem Lieben, Sehnen, Fühlen."

„Michael, Feuer der Welt,
Du bist in allem und in mir;
Michael, Feuer der Welt,
Du bist die Fülle in meinem Leben."

Man bleibt eine Weile so stehen und genießt die Fülle.

4. Nun führt man dasselbe im Westen mit dem Wasser durch.

„Gabriel, Wasser der Welt,
ich fließe als Teil von Dir in Dir,
Dein Fühlen, Deine Anteilnahme, Deine Liebe,
sind auch in mir."

„Gabriel, Wasser der Welt,
Deine Fülle fließt zur Erde im Norden,
Deine Fülle fließt zur Luft im Osten,
Deine Fülle fließt zum Feuer im Süden."

„Gabriel, Wasser der Welt,
Deine Fülle fließt in die Mitte,
in mein Herz, meine Seele, meine Mitte
und erstrahlt in meinem Lieben, Sehnen, Fühlen."

„Gabriel, Wasser der Welt,
Du bist in allem und in mir;
Gabriel, Wasser der Welt,
Du bist die Fülle in meinem Leben."

Man bleibt eine Weile so stehen und genießt die Fülle.

5. Nun führt man dasselbe im Norden mit der Erde durch.

„Auriel, Erde der Welt,
ich gedeihe als Teil von Dir in Dir,
Dein Wohlstand, Dein Gedeihen, Deine Früchte,
sind auch in mir."

„Auriel, Erde der Welt,
Deine Fülle fließt zur Luft im Osten,
Deine Fülle fließt zum Feuer im Süden,
Deine Fülle fließt zum Wasser im Westen."

„Auriel, Erde der Welt,
Deine Fülle fließt in die Mitte,
in mein Herz, meine Seele, meine Mitte
und erstrahlt in meinem Formen, Ergreifen, Arbeiten."

„Auriel, Erde der Welt,
Du bist in allem und in mir;
Auriel, Erde der Welt,
Du bist die Fülle in meinem Leben."

Man bleibt eine Weile so stehen und genießt die Fülle.

6. Man geht in die Mitte und spürt der Fülle der vier Elemente nach, die hier in der Mitte zu einer einzigen vielfältigen Fülle wird.

Man legt beide Hände auf sein Herzchakra und spürt die Fülle in sich – und die Seele im eigenen Herzchakra als die Mitte dieser Fülle, als den Ursprung des eigenen Strahlens.

Wenn man lange genug so mit der Fülle in sich und um sich herum dagestanden hat, grüßt man die Fülle in der Welt und in sich selber mit einer passenden Geste im Osten, Süden, Westen, Norden und in der Mitte.

7. Man beendet das Ritual mit dem Pentagramm-Ritual.

XII 7. Das Herz des Rituals

Dieses detaillierte Ritual läßt sich zu einem einfachen Ritual zusammenfassen. Dieses einfache Ritual hat jedoch nur dann Tiefe und eine größere Wirkung, wenn man 1. die Verwandlung der beiden Extreme, 2. die Verbindung mit den Erzengeln und 3. die Verschmelzung der vier Formen der Fülle zuvor als Ritual oder in Traumreisen durchgeführt hat. Das im folgenden dargestellte Ritual ist also kein Ersatz für die einzelnen Schritte, die in den Abschnitten XI. 4. bis XI 6. beschrieben worden sind, sondern nur deren Zusammenfassung.

Man kann natürlich auch mit diesem Ritual beginnen und dann bei Bedarf das ausführlichere Ritual durchführen. Diese Rituale sind kein Allheilmittel oder gar das einzig richtige Ritual, sondern lediglich eine Hilfe bei der eigenen Heilung. Man sollte daher schauen, ob und wie man sie anwenden möchte – das weiß jeder selber am besten …

1. Der Ritual-Platz wird mit dem Pentagramm-Ritual definiert, geweiht und mit Lebenskraft aufladen.

2. Man steht in der Mitte und hält seine beiden Hände vor sich und legt mit passenden Worten die eigenen Ideale in die rechte Hand (bei Rechtshändern) und die Schatten in die linke Hand.

Dann legt man beide Hände aneinander, und ruft die Erdfeuer-Schlange, daß sie die Gegensätze auflöst. Auch hier und den folgenden Ritual-Teilen beschreibt man mit improvisierten Worten das, was man tut.

Dann ruft man den Himmelslicht-Adler, daß er die aufgelösten Gegensätze an ihre ursprüngliche Gestalt erinnert.

3. Man steht in der Mitte und öffnet seine Arme den vier Erzengeln und läßt das eigene Feuer, die eigene Luft, das eigene Wasser und die eigene Erde sich mit dem Feuer, der Luft, dem Wasser und der Erde der Welt verbinden – die vier Erzengel werden Teil von einem selber und man selber wird Teil der vier Erzengel.

4. Man steht in der Mitte und ist mit den vier Elementen verbunden. Man beginnt mit passenden Bewegungen wie in einem kleinen Tanz die Elemente zu ergreifen, sie zu vermischen, eins in das andere zu verwandeln und sich selber diesem Tanz der Elemente und ihrer Vielfalt und Fülle zu öffnen.

5. Man genießt die Fülle, solange man will.

7. Man beendet das Ritual mit dem Pentagramm-Ritual.

XII 8.   Die Geste

Man kann dieses Ritual auch zu einer einfachen Folge von Bewegungen verbinden, die die Teile des Rituals darstellen.

1. Die Hände auf das Herzchakra legen.

2. Die Hände vor sich halten, sie aneinander legen, warten und sie wieder öffnen.

3. Die Arme den Erzengeln entgegenstrecken.

4. Die Hände wieder auf das Herzchakra legen.

5. Den Elemente-Tanz tanzen und dabei die Vielfalt und die Einheit der Fülle erleben.

6. Die Hände wieder auf das Herzchakra legen.

XII 9.   Die Haltung

Die Haltung und das Erleben, die durch dieses Ritual gefördert werden sollen, sind das Vertrauen in die Welt und die Verantwortung für die Welt, das Erleben von sich selber als eines integrierten Teiles des Kontinuums, das Eingerichtetsein auf den ungehinderten Selbstausdruck, auf den Lebenstanz in der Fülle …

Bücher von Harry Eilenstein

„für Anfänger"

- Telepathie für Anfänger (60 S.)
- Telepathie für Fortgeschrittene (52 S.)
- Telekinese für Anfänger (52 S.)
- Lebenskraft für Anfänger (60 S.)
- Meditation für Anfänger (56 S.)
- Hypnose für Anfänger (56 S.)
- Auto-Movement für Anfänger (56 S.)
- Elfen für Anfänger (56 S.)
- Mandalas für Anfänger (68 S.)
- Evokationen für Anfänger (60 S.)
- Liebeszauber für Anfänger (52 S.)

Astrologie

- Astrologie (496 S.)
- Photo-Astrologie (428 S.)
- Die astrologischen Aspekte (88 S.)
- Horoskop und Seele (120 S.)

Magie

- Handbuch für Zauberlehrlinge (408 S.)
- Tarot (104 S.)
- Physik und Magie (184 S.)
- Die Magie-Formel (156 S.)
- Krafttiere – Tiergöttinnen – Tiertänze (112 S.)
- Schwitzhütten (524 S.)

Meditation

- Der Lebenskraftkörper (230 S.)
- Die Chakren (100 S.)
- Das Chakren-System mit den Nebenchakren (296 S.)
- Meditation (140 S.)
- Drachenfeuer (124 S.)
- Reinkarnation (156 S.)
- einsgerichtet (140 S.)

Kabbala

- Kursus der praktischen Kabbala (150 S.)
- Eltern der Erde (450 S.)
- Blüten des Lebensbaumes:
  - Die Struktur des kabbalistischen Lebensbaumes (370 S.)
  - Der kabbalistische Lebensbaum als Forschungshilfsmittel (580 S.)
  - Der kabbalistische Lebensbaum als spirituelle Landkarte (520 S.)

Religion allgemein

- Die sieben Schritte des Lebens (428 S.)
- Muttergöttin und Schamanen (168 S.)
- Göbekli Tepe (472 S.)
- Totempfähle (440 S.)
- Christus (60 S.)
- Dakini (80 S.)
- Vajra (76 S.)

Ägypten

- Hathor und Re 1: Götter und Mythen im Alten Ägypten (432 S.)
- Hathor und Re 2: Die altägyptische Religion – Ursprünge, Kult und Magie (396 S.)
- Isis (508 S.)

Indogermanen

- Die Entwicklung der indogermanischen Religionen (700 S.)
- Wurzeln und Zweige der indogermanischen Religion (224 S.)

Germanen

- Die Götter der Germanen (87 Bände)
- Odin (300 S.)

Kelten

- Cernunnos (690 S.)
- Der Kessel von Gundestrup (220 S.)
- Der Chiemsee-Kessel (76)

Psychologie

- Über die Freude (100 S.)
- Das Geheimnis des inneren Friedens (252 S.)
- Das Beziehungsmandala (52 S.)
- Gefühle und ihre Verwandlungen (404 S.)
- einsgerichtet (140 S.)
- Liebe und Eigenständigkeit (216 S.)
- Von innerer Fülle zu äußerem Gedeihen (52 S.)
- Die Symbolik der Krankheiten (76 S.)

Kunst

- Herz des Tanzes – Tanz des Herzens (160 S.)

Drama

- König Athelstan (104 S.)

Die Themen der 87 Bände der Reihe „Die Götter der Germanen"